SUMÁRIO

(m) O que é melhor – Uma carta de vendas longa ou curta

(n) Você sempre tem que usar o Português correto

(o) Carta de Vendas Monstro

(p) É verdade que boas cartas de vendas são como boas pessoas de vendas?

(q) As Dez Regras Básicas de Escrever uma Boa Carta de Vendas

(r) Cinco segredos úteis de uma carta de vendas eficaz

(s) Fazer cartas de vendas emocionalmente carregadas impulsionar vendas

(t) Quais são as palavras que você nunca deve usar em uma carta de vendas?

(u) Maneiras de criar relacionamento

Capítulo 4 - Acabamento

(a) Lista de verificação final de uma carta de vendas.

(b) A Última Palavra

ISENÇÃO DE RESPONSABILIDADE

Este e-book foi escrito apenas para fins informativos. Todos os esforços foram feitos para tornar este e-book o mais completo e preciso possível.

O objetivo deste e-book é educar. O autor não garante que as informações contidas neste e-book sejam totalmente completas e não será responsável por quaisquer erros ou omissões. O autor não terá responsabilidade para com qualquer pessoa ou entidade com relação a qualquer perda ou dano causado ou alegadamente causado direta ou indiretamente por este e-book.

AVISO LEGAL

Este livro é protegido por direitos autorais. Isso é apenas para uso pessoal. Você não pode alterar, distribuir, vender, usar, citar ou parafrasear qualquer parte ou o conteúdo deste livro sem o consentimento do autor. Se isso for violado, uma ação legal será iniciada.

O objetivo básico de cada negócio é aumentar o valor das partes interessadas. Se você está interessado em gerar uma enorme resposta de um anúncio de jornal ou revista, uma carta de vendas diretas ou um site da Internet, o fato básico que você precisa perceber é:

"O que é que faz o seu negócio funcionar?"

Uma forma principal e amplamente utilizada de ferramenta de comunicação de marketing é a carta de vendas. Ela pode construir sua base de clientes e aumentar suas vendas.

O que há de tão especial nas cartas de vendas que são sempre lidas? O que há nas cartas de vendas que vendem produtos? Qual é o segredo das cartas de vendas que mantêm os leitores lendo até a linha final? Por que compramos com base em algumas cartas de vendas e não em outras, mesmo que elas ofereçam os mesmos benefícios e recursos?

As cartas de vendas podem retratar vários tipos de informações. Por exemplo:

a) Ela o conscientiza sobre o produto e os serviços que você está oferecendo.

A principal razão para usar as cartas de vendas como ferramenta de marketing é conscientizar o cliente sobre seu produto ou serviço, fornecendo fatos adequados para atrair o leitor.

b) Invente uma desculpa para a nomeação de futuros

A carta de vendas pode ser usada para organizar o consumidor para entrar em contato em nomeação futura — por exemplo, visitá-lo pessoalmente ou chamá-lo para compromissos.

c) Responder a consultas.

Se em uma data anterior, o cliente pediu informações adicionais sobre um produto ou serviço específico, uma carta de vendas pode ser enviada para responder às suas dúvidas. Isso, por si só, pode criar terreno para vender o produto e o serviço.

d) Informações Gerais

Uma carta de vendas pode notificar o consumidor das últimas ofertas, produtos, serviços, vendas e assim por diante. Pode ser qualquer outra informação que você sinta que interessará ao leitor. O consumidor pode ter solicitado especialmente que você o informe sobre tais informações e/ou você pode direcionar grupos de consumidores exclusivamente.

Para ajudar a estabelecer como você deve escrever sua carta de vendas, é importante mapear seus objetivos. Uma vez que você esteja claro sobre o seu objetivo, será fácil para você adotar a técnica necessária. Aqui pode haver alguns deles:

a) Para vender qualquer Produto ou Serviço

Se seu único objetivo é vender seus produtos ou serviços, você precisa convencer as pessoas. Você precisa usar palavras que convençam a perspectiva do seu produto ou serviço. Lembre-se, não seja insistente. Fale em tom de conversa.

b) Notificar o Cliente

Se o seu único objetivo é fornecer ao consumidor todas as informações essenciais sobre o seu negócio ou produto ou serviço? Tais cartas de venda são, como resultado, geralmente escoltadas com folhetos e outras pastilhas para dar tais informações.

c) Para obter uma resposta

Os prospects podem entrar em contato com você por muitas razões além de querer comprar o produto ou serviço. Pode ser para mais informações, uma amostra/teste gratuito, uma visita pessoal, etc. Habitualmente, os consumidores não gostam de comprar sem ver fisicamente ou experimentar o produto/serviço.

Então você deve manter uma opção para demonstrar aberto. Isso também ajuda a construir credibilidade. A perspectiva vai sentir que você está genuinamente interessado neles e não apenas lá para vender seus produtos.

Todos podem escrever uma carta de vendas maravilhosa. Claro, você pode ter que estudar algumas novas habilidades. Sempre se sabe, os famosos redatores de hoje não nasceram sabendo escrever grandes cartas de vendas. Todos eles começaram do zero. Eles também tiveram seus problemas iniciais e falhas. Mas eles persistiram. Na verdade, uma vez que você sabe como jogar o jogo, você mesmo vai perceber que escrever uma carta de vendas eficaz é como uma brincadeira de criança.

Este ebook irá levá-lo passo a passo através do processo de escrever uma carta de vendas efetiva. Partindo do que seu objetivo é, para os elementos básicos de uma carta de vendas, para dicas valiosas sobre como melhorar sua carta de vendas para aumentar as vendas... você vai encontrar tudo neste ebook.

CAPÍTULO 1 – INTRODUÇÃO

(A) Tudo Sobre Uma Carta De Vendas

Uma carta de vendas é um documento destinado a gerar vendas. Ele influencia o leitor a fazer um pedido, a solicitar informações sobre um produto ou serviço. O objetivo básico é motivar o leitor a tomar uma ação específica.

Esta é a descrição de uma carta de vendas real.

Resultados do meu P&D

"Estou levando para informá-lo sobre a máquina de lavar realmente incrível que eu desenvolvi. Primeiro de tudo, eu sei que é maravilhosamente fantástico porque eu passei anos estudando máquinas de lavar de todos os tipos. Então expandi meu campo de pesquisa e desenvolvimento (P&D) para incluir todos os tipos de máquinas de lavar comerciais, e eu vim a conhecer todos os segredos possíveis do que faz a sujeira sair dos lugares mais inconcebíveis. Agora, dez anos depois, estou pronto para deixá-lo saborear os frutos de todo o meu trabalho duro. Eu desenvolvi o EZ WASHER. Devo dizer-lhe que vai fazer todas as outras máquinas de lavar que você já viu pálido em contraste.

Você acha alguma coisa errada com esta carta de vendas? Quase tudo está errado.

A manchete é toda sobre o escritor e não fala com o cliente. Além disso, usa alguns termos técnicos — "P&D" para pesquisa e desenvolvimento. Este é um termo industrial, que pode realmente irritar alguns clientes em potencial. Não temos ideia do que os 10 anos de trabalho se referem. Também não somos informados sobre características excepcionais. O escritor apenas geralmente fala sobre o grande trabalho que ele fez. A carta de vendas fala sobre tudo o que ele fez nos últimos 10 anos e não o que eu vou conseguir ou pelo menos o que eu posso esperar.

Antes de começar a escrever uma carta de vendas, você também deve tentar se colocar no lugar do cliente em potencial. Perceba como você trata cartas indesejadas que você recebe. A maioria dessas cartas, se não todas, vão para o lixo. Na verdade, você nem se importa em abrir alguns deles.

(B) Comparação Entre Propostas Não Solicitadas, Folhetos E Cartas De Vendas

Se você está preparando um folheto, ou escrevendo uma proposta não solicitada, você sempre pode torná-lo melhor percebendo as semelhanças e diferenças entre eles.

Um folheto é um registro de seus produtos e serviços. Eles são muitas vezes produzidos em grande escala e dados incógnitos. Os folhetos vêm em diferentes tipos de formas e tamanhos e são mais frequentemente do que não impressos em cores brilhantes com muitos gráficos nele.

Uma proposta não solicitada é um artigo sobre seus produtos e serviços. Eles geralmente são produzidos de forma independente e dados a alguém preciso (embora possa ser para alguém que você não está muito familiarizado). Eles são muitas vezes na forma de uma carta, a menos que sejam documentos grandes, que são vinculados.

Uma carta de vendas é uma proposta curta e sempre visa fazer você tomar alguma ação. Dependendo da situação, as cartas de vendas podem ou não ser dadas a indivíduos precisos e às vezes são enviadas para pessoas que você não conhece.

Então, qual é a semelhança? Acontece que, na realidade, não há muita diferença entre eles. Todos eles têm que oferecer informações e geralmente buscam influência. Às vezes, a principal intenção de um folheto é fornecer informações. Um diferencial fundamental é se o folheto deve visar fazer você tomar alguma ação. Materiais de marketing são quase sempre feitos para estimular o leitor a fazer algo. Pode ser visitar sua loja, fazer uma compra, visitar um site, ou talvez apenas para fazer uma ligação. Se o seu folheto simplesmente fornece informações, você deve considerá-la para ter certeza de que é convincente, e considerar redespejá-lo para induzir as pessoas a tomar uma ação.

Se você tem uma chamada para a ação, ou algo que você está tentando inspirar o cliente em potencial a fazer, então pode ajudar a imaginar seu folheto como uma proposta não solicitada. O folheto deve ser destinado a convencer eficientemente o leitor a executar a chamada à ação.

Se você está escrevendo uma carta de vendas, você pode não compreender que não é muito diferente de um folheto pedindo ao leitor para tomar uma atitude. Tente focar na estética do folheto.

Tanto folhetos quanto propostas não solicitadas são passíveis de sofrer por não ter muitas informações sobre o leitor. Quanto mais você está familiarizado com o leitor, mais persuasivo você pode ser. No entanto, folhetos e propostas não solicitadas são frequentemente dadas a pessoas com quem você não está muito familiarizado, geralmente na expectativa de conhecê-los melhor.

Da próxima vez que você estiver criando um folheto, uma proposta não solicitada, ou uma carta de vendas, tire um tempo para pensar sobre isso como se fosse um dos outros. Utilize a comparação para melhorar o documento, mas seja óbvio sobre seus objetivos e público.

(C) Segmentação, Segmentação E Posicionamento

Preparar sua carta de vendas significa que você precisa realmente ter um conhecimento abrangente do produto ou serviço que está sendo oferecido, da dinâmica do mercado e das necessidades declaradas e não declaradas do leitor. Não há substituição para conhecimento de produto ou serviço.

O que o produto ou serviço faz para quem o exige? Como o leitor pode se beneficiar de comprá-lo? Qual é o ponto de venda único do produto ou serviço? Para responder a essas perguntas, você deve começar por distinguir os benefícios dos recursos. A carta de vendas deve ser capaz de persuadir o seu leitor a comprar suas coisas com base no benefício que o produto/serviço deriva e não com base em suas características.

O benefício é o que o produto ou serviço oferece e o que o consumidor lucra com o recurso. Um benefício é o resultado específico do recurso. Uma característica é o que o produto ou serviço já construiu. Benefícios são o que inspiram as pessoas a comprar. Uma geladeira, por exemplo, tem instalações de descongelamento (recurso). Se essa tecnologia ajuda a se livrar de gelos indesejados e ajuda a manter nossas verduras frescas e saudáveis, então temos o benefício desse recurso.

Decida como você planeja anunciar o produto ou serviço. Pela Internet, correio direto, e-mail, vendas diretas, publicidade impressa, etc.? Existe alguma outra publicidade ou literatura para apoiar a carta de vendas? Quem é sua concorrente? Que atividades de marketing eles realizaram? Qual é o seu orçamento de publicidade? Você está mirando muito alto?

Quem é seu potencial comprador? O que estimula uma pessoa a comprar esse item? Os especialistas apontam que a emoção mais usada para influenciar as pessoas a comprar é o medo, e um milhão de outras variações dela. Você tem que estar na posição do consumidor para perceber se sua oferta apela para as necessidades emocionais dos leitores.

(D) Seguindo O Modelo Aida

Os redatores de publicidade seguem o modelo AIDA. O modelo AIDA significa **Atenção, Interesse, Desejo e Ação.**

Obtenha a atenção do seu leitor

Se você quer que sua carta de vendas tenha um impacto sobre seus leitores, ela deve primeiro chamar a atenção deles. Você pode fazer isso com uma manchete ou um parágrafo de chumbo que bate o prego diretamente na cabeça ou você pode até mesmo começar sua carta com uma pergunta cativante. Por exemplo, "Você quer reduzir o custo da eletricidade em 45%?"

Uma manchete apropriada para uma carta de vendas que promove um programa de perda de peso pode ser: "Agora, você pode perder 15 quilos em 2 semanas sem ter que morrer de fome; e é fácil e acessível! Esta manchete não só resolve um problema, mas também oferece uma solução rápida e fácil que mantém em mente o consumidor sensível ao preço.

Seu leitor só estará interessado em saber "O que eu tenho?" "Por que eu deveria investir meu tempo em ler?" Se você avisá-lo imediatamente, no início de sua carta, ele continuará lendo o resto da carta. E isso é metade da batalha ganha. De qualquer forma, ele raramente alcançará o terceiro parágrafo. Então o impacto tem que ser instantâneo. O cerne da questão deve ser explicado no início.

Ganhe seu interesse

Você deve apertar o interesse do leitor mostrando-lhe por que ele precisa do seu produto ou serviço. Você tem que criar um desejo para o seu produto ou serviço. Deixe-o saber como sua vida vai se tornar mais fácil com o seu produto. Mostre-lhe o que ele está perdendo por nem mesmo experimentar o produto.

Aqui, você precisa provar sua confiabilidade. Você pode encerrar seu caso usando depoimentos ou históricos de casos. Você pode fornecer os detalhes de comunicação dos usuários que se beneficiaram do seu produto. Lembre-se sempre que você sabe tudo sobre o seu produto, então "notícias obsoletas" para você podem ser "novidades" para a outra pessoa.

Criar desejo

Agora você tem a atenção do leitor e fisgou seu interesse. Em seguida, você tem que criar desejo. Diga ao leitor como exatamente ele se beneficiará do seu produto. Vincule os benefícios ao cotidiano do leitor. Faça com que ele perceba como seu produto pode beneficiá-lo, como é conveniente para ele obtê-lo, e como a vida será confortável para ele depois.

Generalidades são menos convincentes. Detalhes específicos são muito mais críveis. Por exemplo, quando você quer vender livros sobre a redução do roubo de funcionários . . . "Ao final deste trimestre, você pode ver seu percentual de roubo de funcionários cair mais de 37%. Imagine o efeito espetacular que terá em sua linha de fundo! Se está vendendo um programa de perda de peso... "Dentro de 3 semanas você terá perdido 15 quilos. Imagine os elogios de seu cônjuge. Pense como você vai ficar linda nesse maiô novo!"

Solicitar ação

O que você quer que o leitor faça a seguir? Enviar um cartão de resposta? Encomendar o produto ou serviço? Ligar pedindo mais informações? Agendar uma consulta? Notifique-o de acordo. É incrível quantas cartas de vendas não informam o leitor sobre a etapa subsequente. Eles consideram que o leitor é um leitor de mentes. Mas normalmente não é o caso.

Você trabalhou duro até agora. Você chamou a atenção dele, fisgou o interesse dele, criou o desejo. Não é apropriado pedir ação? Não presuma que seu leitor saiba o que fazer a seguir. Como suporte para obter a ação preferida, você deve sempre incorporar um cartão de resposta com sua carta.

O P.S. é um componente de uma letra que a todo momento é lida. Use seu P.S. para enfatizar seu benefício mais convincente ou reafirmar sua garantia. Não desperdice com alegria. Usado sabiamente, pode ser o prod final que inclina a decisão de compra a seu favor. Então seja específico e dê o esguicho final.

CAPÍTULO2 – ELEMENTOS BÁSICOS DE UMA CARTA DE VENDAS

(a) Quais são as partes básicas de uma carta de vendas?

Qualquer carta de vendas segue aproximadamente a seguinte seqüência:

1. Imagem.
2. Manchete.
3. Saudação.
4. Parágrafo principal.
5. Corpo.
6. Fechar.

A Imagem:

Se houver um logotipo ou design para o seu negócio, use-o na carta de vendas somente se for realmente pertinente ao que você está oferecendo. Você não está vendendo o logotipo do seu negócio; você está vendendo benefícios que o comprador vai perceber se ele comprar o seu produto ou serviço. Use uma imagem específica que seja inerente ao seu título, conteúdo e tema, ou não use uma. Atenha-se às palavras o mais longe possível.

Trabalho da manchete:

A manchete é geralmente de 3 a 30 palavras de comprimento. Deve ser cativante. Ele deve chamar a atenção do leitor e dizer-lhe sobre o que é o anúncio (carta de vendas). Idealmente, o trabalho da manchete é obter a concentração do leitor, direcionar os espectadores, listar uma vantagem e fazer uma garantia.

Saudação e parágrafo de chumbo:

Qualquer carta de vendas que influencie o leitor tem a possibilidade de ser aberta e lida.

1. Gire um fio com o qual o leitor possa se identificar, usando um tom de conversação.

2. Anuncie um novo produto ou serviço, um evento exclusivo ou notícias importantes, exibindo sua proposta de venda exclusiva.

3. Fale com o leitor como seu igual: "Caro companheiro comprador de carros, você está ciente de... "

4. Você poderia começar com algo inovador, talvez uma citação ou anedota.

5. Você pode começar identificando o problema do leitor, que seu produto promete resolver.

6. Faça uma pergunta que possa excitar o leitor.

7. Deixe o leitor entrar em alguma informação secreta ou incomum.

Você poderia usar um subtítulo para responder a uma consulta colocada na manchete. Por exemplo, a Parte A poderia dizer: "Quer perder 15 libras em 3 semanas a um preço acessível?" A parte 2 poderia dizer: "Bem, é assim que você pode fazê-lo ... "

Corpo da Carta:

A cópia do corpo deve usar o mesmo tom e suportar com o tema da manchete. Você deve persistir destacando os benefícios e oferecer a prova da reivindicação que você fez. Forneça detalhes dos benefícios e dos recursos. Construa credibilidade. Seu objetivo básico é criar uma necessidade ou desejo para seus produtos ou serviços e fazer com que as pessoas façam o que você quer que eles façam.

Fechamento ou chamada à ação:

Se você solicitar ao leitor para pedir, apoiar ou entrar em contato com você para a causa específica, você deve facilitar a resposta dele. Você deve apoiar a carta de vendas com um envelope pré-pago e um formulário de pedido. Se não for adequado, forneça um número de telefone gratuito, um link de e-mail e/ou sua URL. Sempre agradeça ao leitor por sua paciência. Use sempre um post-script.

Uma sugestão final:

Fazer o leitor gastar seu dinheiro suado com você é o verdadeiro desafio. A melhor maneira de garantir isso é usar leitores de teste. Os leitores de teste seriam capazes de dar sua opinião se algo estiver faltando na carta.

(B) Como Criar Manchetes Para Revigorar Suas Cartas De Vendas?

Cada uma de suas ferramentas de marketing exigiria uma manchete. As manchetes chamam a atenção, tornam sua mensagem simples de ler, obter seus principais pontos de venda e solicitar ao seu cliente para comprar o produto e o serviço.

Use as manchetes regularmente em sua carta de vendas para ajudar as pessoas a receber sua mensagem principal sem ter que apalpar muito.

As manchetes variam de "hit-you-in-the-face" a mais discretos que não aparecem como uma manchete em tudo.

Sua manchete é notada quando atrai os interesses do leitor. Você deve usar sua manchete para apontar uma dificuldade que o leitor tem ou algo que você sabe que o leitor sente poderosamente.

Sete manchetes infalíveis

1. **Faça uma pergunta**. "Você está preocupado em ficar gordo e flácido?" Uma manchete de perguntas força o leitor a responder em sua mente. Você mecanicamente envolve a perspectiva em sua mensagem.

2. **Comece sua manchete com "Como fazer"**. "Como perder 15 quilos em 3 semanas." As pessoas adoram informações que ilustram como fazer algo valioso.

3.   **Forneça um depoimento**. O conselho de um cliente satisfeito pode agir como um catalisador na busca de outros para comprar de você.

4.   **Emita um comando**. Algumas manchetes tradicionais ordenam aos leitores "Aim High" e "Move Ahead" e assim por diante. Transforme seu benefício mais significativo em uma manchete forte.

5.   **Notícias significativas fazem uma boa manchete**. Isso funciona especialmente para grandes mudanças em sua organização ou a introdução de novos produtos experientes.

6.   **Manchete uma última data para uma oferta especial**. A maioria de nós está sempre muito ocupada e tende a adiar a ação. "Save Money Now" e "Get Bonus If You Buy Now" oferecem resposta de aumento.

7.   **Ofertas GRATUITAS muitas vezes atraem a maior resposta**. Existe um mito de que clientes ricos ou profissionais são desligados por ofertas gratuitas. Isso não é nada preciso. Basta personalizar sua oferta gratuita de modo a combinar com o estilo de seus clientes ou indústria.

As perspectivas são sempre difíceis de encontrar tempo. Eles são barrados com centenas de anúncios, cartas de vendas, cartões postais e comerciais todos os dias. Eles tendem a sintonizar qualquer mensagem publicitária que pareça que levará muito tempo para descobrir. As manchetes os ajudam a decidir. Então concentre-se neles.

(C) É Importante Ter Um Primeiro Parágrafo Forte?

A próxima pergunta crucial é como você começa sua carta de vendas.

Você diz ao potencial cliente imediatamente o que você pretende vender? Você só o agita um pouco para que ele possa entender por que ele exigiria seu produto ou serviço?

O curso do parágrafo inicial da sua carta de vendas depende do tema que você escolheu. Esse assunto ditará se seu parágrafo principal seguirá uma abordagem criativa específica ou se concentrará em sua oferta.

Uma vez que seu parágrafo inicial esteja em par com o seu tema, o ponto focal deve mudar para o seu aquecimento. Um aquecimento ineficiente paralisará uma carta de vendas mais do que qualquer outro aspecto, resultando em uma letra média.

Uma grande peça de vendas chegará ao ponto instantaneamente. Seu objetivo é comandar e atrair o interesse do leitor. Não é para estabelecer as bases para compreender a peça; é para criar interesse imediato no tópico que você selecionou.

Além disso, o parágrafo inicial deve ser na primeira pessoa. Uma maneira rápida de obliterar uma carta é falar na terceira pessoa ou incluir "nós" na carta. Começar uma carta com "nós" pode estragar sua resposta.

Aqui está um conjunto abrangente das regras a seguir na criação do seu primeiro parágrafo:

1. Torná-lo teatral, interessante e direcionado para o público-alvo exato.

2. Mantenha seu parágrafo conciso.

3. Mantenha suas frases precisas.

4. Mantenha suas palavras curtas.

5. Use "você" para engajar a perspectiva.

6. Faça sua mensagem vir de uma única pessoa, em uma base muito individual, com o objetivo de construir um leitor individual ao longo da peça.

7. Ao avaliar qualquer carta de vendas, uma das coisas básicas que você deve fazer é examinar o parágrafo principal. Combina com a abordagem e o sabor dos seis pontos listados acima?

Não há uma fórmula rígida para um parágrafo de entrada, mas suas letras criarão respostas aprimoradas se você seguir, em vez de quebrar, as regras.

(D) Incluir Um P.s. Em Sua Carta De Vendas Essencial?

As pessoas gostam de saber quem lhes enviou a carta, e tendem a rolar rapidamente até o final da carta para ver qual assinatura está na parte inferior.

A próxima coisa que eles vêem abaixo da assinatura é um Postscript (ou P.S.). Na verdade, seu P.S. pode ser o segundo (após o título) ou o terceiro (após a frase de abertura/parágrafo) o elemento mais lido de sua carta de vendas ou e-mail. A maioria dos redatores usa não apenas um postscript, mas também vários (P.P.S).

A maioria dos postscripts tendem a ser bastante pequenos, geralmente cerca de 3 ou 4 linhas para resumir a oferta, corroborar o prazo e compor o edital.

Webster define PS. Dessa forma... (verbatim)

"Postscript - Para escrever depois; um parágrafo adicionado a uma carta após sua conclusão e assinada pelo escritor; um acréscimo feito a uma letra ou composição após o corpo principal da obra ter sido concluído, contendo algo omitido, ou algo novo ocorrendo ao escritor."

Para os profissionais de marketing, oferece uma última oportunidade para influenciar as perspectivas em ação. A melhor maneira de usar sua "adição" final é destacar ou reafirmar um ponto principal de significado para o leitor.

Empregue essas táticas. O P.S. é um dos elementos mais lidos de qualquer carta de vendas. Ele fica em segundo lugar apenas para a sua manchete e sub-cabeças em termos de prioridade de leitores.

Mantenha-o conciso e preciso. Um resumo sucinta é suficiente para manter o interesse do leitor. Se você precisar de mais espaço, crie um P.S. Secundário Adicionar P.S. suplementar é uma estratégia principalmente eficaz com letras de vendamais longas.

e Você deve incluir garantias?

Se você oferece um produto ou serviço sem garantia, você pode estar prestes a perder uma grande porcentagem de vendas potenciais. Hoje em dia, os golpes são generalizados. Como não há polícia oficial ou moderador na Internet, esses golpes são provavelmente ainda maiores como conseqüência.

Por causa desses vigaristas e do enorme número de desafios apresentados na Web, as pessoas são desconfiadas e buscarão cada vez mais meios mais protegidos para aproveitar as ofertas. As garantias são, portanto, ferramentas influentes para o comerciante que busca opulência e podem fazer duas coisas muito vitais que ajudarão a aumentar os lucros: aumentar as vendas e reduzir os retornos.

Quando você oferece uma garantia, você diminui o cinismo em torno da compra do seu produto ou serviço. Os consumidores são razoavelmente cuidadosos e ainda mais ao fazer compras via Web. E as garantias lhe dão uma confiabilidade quase imediata com possíveis clientes.

As garantias aumentam o valor percebido. Veja, por exemplo, a história dos irmãos Monaghan.

Ambos os irmãos estavam em um negócio de base. Eles precisavam de dinheiro para pagar a faculdade. Eles trabalhavam em turnos e frequentavam a faculdade quando estavam livres no outro turno. Depois de passar por perdas por cerca de um ano, um dos irmãos vendeu sua parte no negócio. O outro preso à pequena pizzaria. Em algumas entrevistas que ele deu recentemente, Tom Monaghan disse que.ele não tinha certeza de que estava fazendo a coisa certa. E descanso é história. A decisão dele foi a melhor que ele já fez. Seu negócio baseado em uma simples garantia, "Pizza entregue fresco em 30 minutos ou é grátis", A Domino's Pizza tornou-se a indústria bilionária de hoje.

Garante aumentar as vendas e reduzir os retornos. Embora as pessoas peçam, particularmente da Web por causa da conveniência que oferece, uma oferta que fornece uma política de devolução sem assédio adiciona ao fator de conveniência e instila uma maior auto-confiança na mente do comprador. Portanto, use garantias para garantir o seu sucesso.

Sete dicas para uma grande garantia

1. Torne a garantia fácil e não qualificada. Largue as desculpas e as letras miúdas.

2. Certifique-se de que sua organização total acredita na filosofia operacional ditada pelo uso de garantias.

3. Esteja familiarizado com seus clientes o suficiente para perceber se a garantia em tudo ajuda o cliente.

4. Uma garantia deve ser uma via de mão dupla, então inclua algumas vantagens se você superar o potencial de desempenho: peça taxas de "sucesso".

5. Indique quais clientes podem reivindicar a garantia e quais não podem. Restringir o número ao mínimo.

6. Reaja rapidamente se um cliente solicitar que você faça a sua garantia.

7. Monitore seu desempenho para salvar surpresas.

As garantias se enquadram em cinco categorias muitodiferentes:

1. A garantia de devolução do dinheiro: Isso garante que seus clientes não desperdicem seu tempo ou dinheiro. Ele também defende os clientes se o produto quebrar ou falhar.

2. A garantia de satisfação: Isso garante que seu cliente ficará feliz e satisfeito com seu serviço ou produto.

3. Garantia de proteção de preços: Isso pode oferecer um preço fixo, garantir que o preço e/ou as condições de pagamento não mudem ou aumentem (por exemplo, seguro de vida) ou garantir que eles não encontrem um preço mais baixo em outro lugar.

4. Garantia pontual: Isso ajuda a suprimir os medos na

clientela com o tempo. Empresas como impressoras, oficinas de reparos e empresas de cabo podem achar essa oferta tentadora.

5. Absolutamente nenhuma pergunta garantiu: Isso pode ser funcional para qualquer coisa. Experimente e veja.

CAPÍTULO 3 – DICAS SOBRE COMO ESCREVER UMA CARTA DE VENDAS

(a) Dicas fundamentais sobre como escrever uma carta de vendas eficaz.

1. **Construa credibilidade.** Além de mencionar os benefícios, você também deve colocar em depoimentos pessoas que já usaram e se beneficiaram do seu produto ou serviço. Isso constrói credibilidade.

2. **Torná-lo memorável para o seu leitor.** A maioria dos e-mails não solicitados são enviados para lixeira. Seu carteiro deve ter algo único para as pessoas considerarem gastar mais tempo com ele. Por exemplo, um serviço de reparo de carro pode incluir as 10 principais dicas para manutenção do carro e assim por diante.

3. **Enfatize a Estética.** A carta deve ser fácil de usar. Deve ter um impacto visual atraente. A estética deve ser bem definida. Além disso, deve ser facilmente navegável.

4. **inclua uma chamada para ação.** Inclua um cartão postal, envelope pré-pago e/ou um formulário de pedido. Se

não for apropriado, forneça um número de telefone gratuito, um link de e-mail e/ou sua URL.

5. **Sempre inclua uma sedução**. A carta deve incluir um incentivo para agir prontamente – um desconto, oferta especial, presentes e assim por diante.

6. **Resista a fazer "Mesclagem de correio"**. A tecnologia tornou a vida mais fácil, sem dúvida. Mas tente evitar escrever carteiros em massa. Personalize cada letra de acordo com as necessidades do leitor.

7. **Forjar conexões eternas**. Tente forjar relações eternas com seus clientes. Para isso você tem que "sub-prometer" e "entregar demais".

8. **Mercado de Testes**. Qualquer técnica que você pretende aplicar, sempre teste o mercado.

9. **Aperte o acorde certo**. Sua carta de vendas não deve ser muito formal e cheia de jargões. Isso pode inibir o leitor.

10. **Uma dica final**: Antes de enviar os carteiros, certifique-se de ter calculado todos os aspectos. Você certamente não gostaria de ser inundado com ofertas sem ter os recursos apropriados.

(B) Uma Diretriz De 12 Passos Para Uma Boa Carta De Vendas

Você não precisa ser um redator premiado para criar cartas de vendas proficientes. Na realidade, escrever grandes cartas de vendas é mais cientificamente inclinado do que ser uma arte. Até mesmo os profissionais usam "modelos" comprovados para gerar cartas de vendas que obtenham o resultado desejado.

Cada indivíduo tem alguma forma de comprar resistência. O objetivo básico de sua carta de vendas deve ser triunfar sobre a resistência de compra do seu leitor enquanto o persuadia a agir. Esses obstáculos são perceptíveis em muitos comentários declarados e não declarados dos clientes, tais como:

"Você não percebe o meu verdadeiro problema" "Como eu sei que você é competente?" "Eu não acredito em você em tudo" "Eu não preciso disso no momento" "Não vai me ajudar de forma alguma" "O que acontece se eu não achar útil?" "Eu não posso comprar" e assim por diante.

A carta de vendas deve reproduzir as emoções do leitor na medida em que eles seriam inspirados o suficiente para agir. A carta deve tentar atacar esses "botões quentes" ou pontos de pressão emocional, o que irá persuadir o leitor a comprar. Os dois principais fatores motivadores são a promessa de ganho e o medo da perda.

Você prefere comprar um curso de R$ 50 sobre "Como melhorar sua carreira" ou "Como evitar que seja taxado pelo Imposto de Renda?"

Qualquer dia, o segundo título venderá melhor. Porque? Porque aborda o medo da perda.

A seguir, um modelo de 12 passos para escrever cartas de vendas infalíveis.

Tente chamar a atenção:

Presumindo que o leitor abriu seu envelope; o próximo passo importante é chamar a atenção dele. A manchete é a principal coisa que seu leitor vai notar. As pessoas têm um período de atenção muito limitado e geralmente enfiam suas cartas no cesto de lixo, a menos que a manchete salte para eles.

A seguir, três exemplos de modelos de manchetes que comprovadamente se concentram.

COMO____
____

OS   SEGREDOS   ESSENCIAIS   DE
____
____

AVISO: NEM   SE   ATREVA   A
____
____

Identifique o Problema do Leitor: Agora que o leitor lhe deu toda a atenção, você tem que ir direto para a área problemática. Tente ter empatia com o leitor.

Outro método é agitar o problema. Você apresenta o problema, então excita-o para que ela realmente sinta a dor e a angústia de sua situação. As pessoas são criaturas tão resistentes de costume que dificilmente nos preocupamos em mudar nossos caminhos a menos que sintamos imensas quantidades de dor. Na verdade, as empresas não são diversas. A maioria das empresas se arrastam fazendo a mesma coisa antiga até que as coisas se tornam tão piores que eles têm que fazer uma alteração.

Forneça a solução para o problema: Agora que você identificou o problema do leitor, você se torna o "salvador" fornecendo-lhe a solução para o problema. Você apresenta seu produto ou serviço e mostra a ela como todos os seus problemas desaparecerão quando ela receber seu produto/serviço.

Apresente suas Credenciais ao Prospect: Apenas dizendo ao leitor que você pode tornar sua vida mais confortável e conveniente não vai impulsioná-la a pular e pegar suas coisas. Você precisa construir confiança e provar sua credibilidade. Você pode fazer isso da seguinte maneira:

1. Listando estudos de caso bem sucedidos e instâncias.

2. Nomear empresas de prestígio (ou pessoas) com quem você fez negócios.

3. Mencionando sua experiência de trabalho.

4.   Mostrando prêmios importantes e elogios que você ganhou.

Mostre os benefícios de seus produtos: Agora você precisa dizer ao leitor como ela se beneficiará pessoalmente do seu produto ou serviço. Não mencione apenas as características. Ninguém está interessado apenas nos recursos. O que você pode fazer em vez disso é, você pode desenhar duas colunas. Em uma coluna, você pode escrever os recursos e na outra, mencionar qualquer benefício concebível que eles possam receber do recurso. Você também pode usar pontos de bala para cada benefício para torná-lo fácil de usar para navegar.

Dê sua Prova Social: Depois de apresentar todos os seus benefícios, agora você precisa construir sua credibilidade e confiança com seu leitor com depoimentos de clientes satisfeitos.

Depoimentos são ferramentas de venda influentes que estabelecem suas alegações de verdade. Outra forma de tornar seu depoimento ainda mais influente, incluem fotos de seus clientes com seus nomes, endereços e números de telefone. A maioria dos leitores não liga para descobrir. Mas se você incluir os números, isso lhe dá maior credibilidade.

Faça sua oferta final: sua oferta é o elemento mais essencial da sua carta de vendas. Se sua oferta for ótima, até mesmo uma cópia de vendas medíocre a tornará irresistível.

Sua oferta pode vir em muitos layouts diferentes. As melhores ofertas geralmente são uma mistura atraente de preço, termos e presentes gratuitos. É sempre mais lucrativo adicionar mais e mais benefícios à sua oferta, em vez de apenas baixar o preço.

Dê uma promessa ou garantia: Você pode tornar sua oferta ainda mais atraente tirando o fator de risco dela. Lembre-se que as pessoas têm um medo embutido que os comerciantes estão lá fora para enganá-los.

Dê uma garantia muito forte, mas só se você tiver confiança suficiente em seu produto ou serviço. Se você fornecer uma garantia e depois não cumpri-la, sua credibilidade é destruída. Então tenha cuidado. Se o seu produto ou serviço for bom o suficiente, muito poucas pessoas realmente precisarão de qualquer reembolso.

Injete os Elementos da Escassez: A maioria das pessoas leva seu próprio tempo doce respondendo às ofertas, mesmo quando são atraentes. Pode haver muitas razões para isso, como:

1. Eles não sentem desconforto suficiente para fazer uma mudança.
2. Eles estão muito ocupados e eventualmente esquecem.
3. Eles não acreditam que o valor percebido justifique o preço pedido.
4. Eles são simplesmente preguiçosos.

Para estimular as pessoas a agir, você precisa adicionar incentivos à oferta. Você pode criar uma sensação de escassez informando ao seu leitor que a oferta ou a quantidade é limitada. Você também pode mencionar que sua oferta é válida por apenas um período limitado.

Sua oferta poderia dizer algo assim:

"Se você comprar por (fulano de data) você receberá um monte de presentes grátis."

Ou

Nossa oferta é limitada a apenas 60 (produto ou serviço) e você vai recebê-lo em uma base "por primeira vez, por primeira vez" . Depois que eles estão exaustos, não haverá mais disponível.

Ou

"Este preço é válido apenas para os próximos 15 dias."

Mas uma vez que você fez tal oferta, você não pode voltar atrás e continuar estendendo a última data. Isso fará seus clientes perderem a confiança em você.

Chamada à ação: Não presuma que seu leitor esteja familiarizado com o que fazer para obter os benefícios de sua oferta. Você deve guiá-los cuidadosamente sobre como fazer a ordem em uma linguagem muito compreensível e concisa. Diga-lhes se você quer que eles liguem para você, inveja maquete ou clique no botão de pedido em seu site

Dê um aviso:

Uma boa carta de vendas deve persistir para criar emoção, mesmo após sua chamada à ação.

Você pode usar a estratégia de "risco de perda" para deixar o leitor saber o que aconteceria se eles não usassem a sua oferta existente. Talvez eles se essegundoam a:

Lute para sempre:

1. Perca a chance de receber todos os seus bens valiosos.

2.   Nenhuma melhora na vida.

3.   Veja seus concorrentes se beneficiem e subirem na vida.

Tente pintar um quadro triste na psique do leitor sobre a pena de não agir agora. Perfurar-lhes o quanto eles estão perdendo no momento.

Feche com um lembrete adequado:

Você deve sempre incluir um postscript (P.S.). Em seu postscript, você pode querer lembrá-los de sua oferta sedutora. Se você usou escassez em sua carta de vendas, sua chamada para ação e lembre-se-os da oferta de tempo restrito (ou quantidade).

Usando esta fórmula de 12 passos, qualquer pessoa pode escrever uma carta de vendas eficiente que vingança.

A seguir, algumas dicas extras para auxiliar-lo a escrever uma carta de vendas ainda melhor:

Dica 1: Sempre mencione os Recursos/Benefícios – O maior obstáculo para escrever uma carta de vendas brilhante sou apenas começando. Pegue uma caneta e papel e liste todos os recursos do seu produto ou serviço. Em seguida, pegue outro papel e liste os benefícios que podem ser derivados do seu produto ou serviço.

Dica 2: Uma vez que você terminar com a carta, esqueça-a por um dia ou dois. Isso permitirá que você seja mais prático ao editar sua carta.

Dica 3: Desenvolva um "arquivo de deslizamento" para aumentar sua criatividade. Quando você vir um anúncio ou uma carta de vendas de sites bem executadoou ou receber uma carta realmente eficaz no e-mail ou e-mail, mantenha-a em um arquivo ou pasta que você pode se referir de novo e de novo. Continue comparando idéias.

Dica 4: Antes de começar a escrever sua carta de vendas, crie uma folha de perfil do cliente registrando tudo o que você sabe sobre seu cliente-alvo.

Dica 5: Mantenha sua carta de vendas tão longa quanto ela precisa ser. Você pode fazer um artigo curto de 2 páginas ou um ebook de 50 páginas. O objetivo essencial de ambos é injetar emoção e pronta ação.

(C) Quais Perguntas Fundamentais Sua Carta De Vendas Deve Responder?

Quem são seus potenciais clientes?
Antes de escrever sua carta de vendas, você deve direcionar seu grupo de clientes. Você deve saber para quem você quer vender seu produto ou serviço. Se você estivesse oferecendo um taco de golfe projetado para jogar golfe, você não o comercializava para homens em geral. Você diminuiria para as pessoas que tocavam. Você tem que ser muito específico.

Como seu produto ou serviço é diferenciado?
O que torna seu produto diferente da concorrência? Você realizou um estudo comparativo? Se há algo único sobre o produto, então ostente para os leitores.

Por que a perspectiva deveria ter fé?
Com todos os golpes e informações falsas sendo dadas através da publicidade, o ceticismo se instala muito rápido. Então você precisa fazer sua perspectiva considerar o que você está dizendo a eles é a verdade irrefutável. Construa sua credibilidade oferecendo estatísticas e depoimentos.

**Quais são todos os benefícios que seu produto
ou serviço oferece ao consumidor?**
Liste todos os benefícios visíveis e não tão visíveis que tornam seu produto irresistível de não aceitar.

Por que sua perspectiva pode rejeitar sua oferta?
Ande uma milha na pele do seu potencial comprador. Assim você saberá que reservas ou objeções ele pode ter. Uma vez que você per-

ceba, trabalhe nele e resolva as consultas.

Por que sua perspectiva agiragora?
A pergunta final que você deve responder para sua perspectiva é por que ele precisa agir sem mais delongas. Dê a ele um motivo autêntico para agir instantaneamente. Dê-lhe um preço especial se ele agir nos próximos dias. Ou diga que as quantidades são restritas e uma vez que as ações estejam esgotadas, elas não serão vendidas pelo mesmo preço. Apenas certifique-se de que sua exigência é confiável.

(d) A estética é importante para sua carta de vendas?

A aparência importa para você? Como a maioria das pessoas — incluindo seus clientes e potenciais — sua resposta é "Sim". Predominantemente nas vendas, a aparência é essencial. Por exemplo, em uma situação competitiva, sendo tudo igual, o olhar do vendedor pode ser o fator decisivo em quem fecha o negócio.

A aparência também é crucial para o sucesso de sua carta de vendas.

O comerciante com uma lista de discussão extremamente direcionada, uma oferta forte e uma cópia bem-sucedida — e que presta atenção cautelosa à aparência de sua carta — definitivamente receberá mais ofertas do que a pessoa que se concentra apenas no conteúdo, sem levar em conta a estética. Quanto melhor for, melhor.

Dicas de como fazer uma carta de vendas parecer boa:

Dica 1: Use sempre uma fonte amigável ao leitor. Quase todos os jornais e revistas de notícias usam fontes serifizadas para a maior parte de seu conteúdo editorial. Fontes como Times Roman, Courier e Century são muito mais legíveis do que fontes como Arial, Helvetica.

Dica 2: Faça sua manchete cativante. Você também deve manter seu parágrafo de abertura entre uma e três linhas.

Dica 3: Tente restringir o comprimento de todos os seus parágrafos entre 4 e 6 linhas. Sua carta deve ter um olhar convidativo e amigável ao leitor. Sua perspectiva definitivamente não ficará muito feliz em ver parágrafos gordos de 9 a 11 frases.

Dica 4: Varie o comprimento de seus parágrafos para que ele não se torne muito mundano.

Dica 5: Defina a cópia corporal da sua carta em 10-11 pontos tipo e use sub-cabeças, balas e outros dispositivos para chamar a atenção. Sempre considere o público para o que está escrevendo. Se você está escrevendo para a multidão de 20 e poucos anos, você provavelmente pode até usar o tipo de 10 pontos. Por outro lado, se você está mirando no mercado "adulto", você pode querer usar um tipo de fonte de 14 pontos. Sub-cabeças centradas, encorajadas e outros dispositivos de atração de olhos podem melhorar o leitor.

Sub-cabeças, listas com balas, encorajamento e outros dispositivos darão à sua carta um apelo adicional e uma resposta de aumento. Mas tome cuidado para usar esses dispositivos com cuidado. O uso excessivo deles pode neutralizar sua eficácia global.

Usar essas 5 dicas vai atrair mais olhares, fazer as pessoas lerem por mais tempo, criar mais leads e, finalmente, fechar mais vendas.

Lembre-se sempre que sua carta estará lutando com talvez dezenas de outras cartas de vendas recebidas todos os dias, enviadas por vendedores-pessoas que disputam por atenção. Para cortar a bagunça, sua carta de vendas precisa ser excelente, diversificada, proficiente e relevante.

(E) Frases Curtas E Poderosas Aumentam O Impacto Da Sua Carta De Vendas?

Um slogan é um "nome, geralmente repetido e persuasivo que cria uma frase de efeito memorável, lema ou jingle, que expressa um determinado objetivo ou conceito. Um conceito que você quer colocar na mente do seu público como cola ao papel."

O que torna um slogan inesquecível? Concisão é o primeiro aspecto a considerar — normalmente 10 palavras ou menos. O slogan deve seguir um ritmo particular.

Terceiro, quais são os benefícios para o uso de slogans? A brevidade, como mencionado anteriormente, atende aos requisitos do ritmo acelerado de hoje. Slogans também manipulam decisões, convencem e adicionam confiabilidade. Um slogan geralmente torna mais fácil para o prospecto lembrar e identificar um produto ou serviço.

Frases simples e poderosas motivam os sentimentos do seu cliente e geram uma decisão emocional de comprar de você. Você pode aumentar suas vendas usando frases poderosas em suas cartas de vendas.

Uma frase poderosa ajuda seu cliente a imaginar como ele se sentirá quando possuir seu produto ou usar seu serviço. Ele cria um sentimento imaginado e motiva seu cliente a traduzir esse sentimento em realidade. Frases de energia aumentam o desejo do cliente pelo seu produto ou serviço e causam uma decisão emocional de compra.

Criar uma frase de poder é simples. Comece registrando alguns dos principais benefícios que seus clientes recebem quando decidem comprar de você. Em seguida, mescla algumas palavras de ação altamente expressivas sobre um ou mais desses benefícios em uma frase curta.

Dado abaixo estão alguns exemplos de frases de poder usadas por diferentes tipos de empresas:

"Rápido! Simples! Acessível!

"Eu lhe asseguro resultado imediato no meu produto."

Veja as palavras usadas nas duas frases de poder acima. Frases de poder usam palavras eficazes para criar afirmações contundentes.

Frases de poder mais eficazes geralmente unem 3 palavras ou 3 grupos de palavras em uma série. Tome-se por exemplo:

"Economize tempo. Economize dinheiro. Salve Hassle."

"Rápido! Simples! Acessível!

"Aproveite enquanto estiver em casa, no escritório ou no carro"

"Autoridade, Desempenho e Momento"

Existem cinco tipos principais de slogan:

1. **Uma característica**: uma exclusividade ou diferença entre uma substância, produto ou objeto. Exemplo: "Escreva um ebook em 10 dias."

2. **Um benefício**: um resultado que alguém recebe. Lembre-se, isso economiza você [tempo ou dinheiro].

3. **Uma consulta**: métodos instigantes. "Como você go-

staria de ganhar sem ter que investir um único centavo?"

4. **Um desafio**: um desafio. Exemplo: os fuzileiros, "Estamos apenas procurando por alguns homens excepcionais."

5. **Uma estrutura**: um projeto que pode ser montado para um propósito específico.

Há sete maneiras de fazer um slogan memorável:

1. Torná-lo emocionante

2. Seja arrogante.

3. Auto-referenciamento

4. Figurativo, brincalhão ou bem-humorado

5. Inspirador ou motivacional

6. Para gerar memórias dolorosas

7. Uso da linguagem dramática

Slogans de vida ajudam a revigorar objetivos, sonhos e até mesmo mudar crenças. Nos negócios, slogans geralmente são usados para introduzir self, apresentações prospectivas, em sites, em assinaturas de e-mail e até mesmo em compromissos de fala. Seja imaginativo, use um slogan em cada um de seus processos de vendas e marketing e mude-os regularmente se você precisar.

Por onde você começa a construir slogans? Leia qualquer uma de suas anotações ou material. Enfatize frases que contenham alta energia. Rima ajuda a criar slogans excelentes. Leia poesia para sugestões ou linguagem que influencie ou inspire.

(F) Por Que Certas Cartas De Vendas Perdem Negócios

Qualquer conselheiro pode dizer que existem inúmeros métodos para perder uma venda mesmo quando você está confiante em ganhá-la. Na maioria das vezes, a brecha permanece na própria carta de vendas. A maioria dos vendedores baba quando os clientes pedem propostas. Afinal, é emocionante ter uma perspectiva de demonstrar suas coisas, conquistá-lo, e então fechar o negócio. Mas criar uma proposta impressionante não é nada fácil, e o processo exigirá imenso tempo e energia.

Ilustrado abaixo estão algumas das razões pelas quais uma carta de vendas perde as vendas e como evitá-la

1. Não Jogue o Mordomo Solitário

Algumas pessoas realizam uma pesquisa rigorosa sobre o cliente e o projeto, pensando que isso é mais do que suficiente. Então eles se sentam para criar sua proposta isoladamente. Isso é um grave erro. Você não pode simplesmente criar uma proposta a menos que o cliente seja um membro ativo em todas as etapas do processo de proposta, incluindo pesquisa, objetivos, benefícios potenciais, escopo, abordagem e, assim por diante.

2. Não comece com suas qualificações

Não comece sua proposta com a magnífica história de sua empresa. Seus clientes estão interessados no que você pode realmente fazer por eles. Inicie seu parágrafo principal focando em seu programa e não o quão grande você é.

3. Não negligencie a sinopse executiva

Muitos tomadores de decisão estão preocupados com basicamente dois objetos: o resumo executivo e o preço. No entanto, surpreendentemente, alguns vendedores não incluem resumos executivos em suas cartas de vendas. Os tomadores de decisão confiam no resumo executivo para garantir que você compreenda o que eles estão tentando realizar. Se você omite o resumo executivo, você pode ter certeza de que sua carta será encaixada na cesta de papel.

4. Não se concentre apenas em suas ferramentas

Os clientes se preocupam apenas com o resultado, não com as ferramentas, métodos e abordagens que você usará para chegar ao resultado. Não tagarelar sobre como você quer fazer isso e fazer isso. Diga a eles o que você pode fazer e em quanto tempo. O "como" pode ser discutido mais tarde, uma vez que você conseguiu ensacar o projeto.

5. Mantenha-o curto e doce

Pesquisas mostram que, dada a escolha, os clientes consideram uma proposta mais curta antes de se perderem em uma longa carta de vendas recheada de gráficos e caldeiras. Mantenha suas propostas o mais concisas possível, mas você deve garantir que você atenda aos requisitos de seus clientes.

6. Não use o mesmo currículo

Cada situação é de alguma forma diferente da outra. Então você não pode apresentar o mesmo currículo para todos. Prepare modelos diferentes. Personalize seu currículo para cada cliente. Deixe-os saber que experiências variadas você tem.

7. Não carregue sua proposta com jargão

A maioria das cartas de vendas estão cheias de jargões e palavras técnicas. Essa linguagem florida pode ser adequada para livros didáticos, mas geralmente desliga o cliente. Tente usar linguagem simples e informativa.

8. Não corte e cole

Para economizar tempo, certas empresas acreditam na síndrome do corte e da pasta. E qual é o resultado? O cliente recebe a proposta de uma empresa com o nome do endereço de outra, ou vice-versa. Certifique-se de repassar a carta de vendas intrincadamente antes de enviá-la ao cliente ou enviá-la para o seu site. Poupe o constrangimento.

9. Seja pontual

Não tente blefar com seus clientes. Se você perdeu o prazo para apresentar a proposta de venda, seja sincero e peça uma prorrogação. Não tente dar desculpas inanesas.

Uma proposta brilhante pode ser crucial para ser recompensado por um projeto; um pobre pode fazer você estragar tudo, mesmo que outras coisas envolvidas no processo de vendas tenha ido perfeitamente. Portanto, tente evitar as falhas básicas mencionadas acima.

(G) O Que São Erros De Carta De Vendas Letais?

Para que você seja bem sucedido, a perspectiva deve abrir, ler, acreditar e agir em sua carta de vendas. Para isso, ele tem que atrair interesse e gerar um desejo pelo seu produto ou serviço.

Uma carta de vendas de sucesso deve alcançar o mesmo resultado de um vendedor de sucesso. Da mesma forma, como um vendedor, a carta de vendas também vai querer evitar certos erros.

Aqui estão alguns erros letais, que a maioria das cartas de vendas fazem.

Erro da carta de vendas letal # 1 – Tente não usar a atitude do carteiro em massa. Você está enviando sua carta de vendas como um carteiro em massa. Mas o receptor pode não apreciar esse fato. No momento em que ele ver que é uma daquelas cartas a granel, ele vai jogá-la fora.

Escrever sua carta com uma "mentalidade de rebanho" em vez de se concentrar em uma única perspectiva individual realmente prejudicará a chance de sua carta fazer um link real com o leitor.

Uma carta de vendas é o único tipo de ferramenta de marketing que é um-para-um. Então, faça o mais pessoal possível.

Erro da letra de venda letal # 2 – Não escreva letras longas e chatas. O que, na sua opinião, é uma carta longa? Até uma carta de uma página pode parecer longa. Isso é porque não é o comprimento que é longo, mas o conteúdo da carta.

As pessoas assistem filmes longos, lêem livros longos e assim por diante. Mas só se forem interessantes. Se você continuar de uma forma chata, então as chances são de que você vá para a lixeira mais próxima.

Ofereça um produto ou serviço adequado a um preço adequado e apresente-o de forma interessante. Metade da batalha está ganha.

Erro de letra de vendas mortal # 3 – Não se atenha apenas ao inglês formal corredor gramaticalmente correto. Na escola, seus professores e professores foram pagos para corrigir suas atribuições de acordo com as regras formais da gramática. Mas, na realidade, é um jogo completamente diferente.

Você deve escrever sua carta em linguagem mais "comum" e informal, para torná-la mais fácil de usar. Você pode ter que quebrar certas regras gramaticais. Você pode precisar começar frases com "e" ou "mas". Você pode ter que usar abreviaturas e palavras fragmentadas. O objetivo básico de uma carta de vendas não é obter nota A, mas gerar vendas.

Erro da Carta de Vendas Letais # 4 – Não permita que o leitor invente qualquer desculpa para não ler sua carta. Na realidade, ninguém está interessado em quem você é ou qual produto e serviço você oferece. Eles estão interessados apenas em como você pode beneficiá-los.

Então você tem que chamar sua atenção nos primeiros 20 segundos ou até menos. Comece com uma frase provocativa ou slogan. Tente atacar as emoções. Seu objetivo deve ser manter a atenção da perspectiva.

Erro da carta de vendas letal # 5 - Não estabelecendo corretamente sua credencial.

As evidências que você oferece em sua carta de vendas para apoiar seu pedigree podem tomar algumas formas diferentes. Por exemplo:

Coloque em depoimentos pessoas que usaram e ganharam com seu produto ou serviço. Coloque-o na forma de histórias. Para tornar seus depoimentos ainda mais influentes, incluem fotos de seus clientes com seus nomes, endereços e números de telefone. A maioria dos leitores não liga para descobrir. Mas se você incluir os números, isso lhe dá maior credibilidade.

(H) Quais São As Armadilhas De Uma Abordagem "E Se"?

"E se eu pudesse demonstrar como você poderia economizar dinheiro, apesar de não cortar suas despesas diárias?"

"E se eu disser que você pode aumentar sua participação de mercado em 3 meses?"

"E se eu puder fazer você perder peso em pouco tempo?"

Agora, e se você é um potencial consumidor que já ouviu essas declarações "falsas" antes. Você acha que estará motivado o suficiente para comprar?

As práticas de venda de esquemas raramente são bem sucedidas quando se trata de lidar com a oposição do cliente, e eles realmente não têm posição no mundo da venda proficiente.

O método genuíno é abordar a oposição do seu prospect durante o processo de vendas em si. Isso significa solicitar as perguntas certas no início e personalizar seu produto ou serviço para resolver seu problema.

É verdade que muitas pessoas terão objeção em comprar suas coisas. A melhor maneira de sair dessa condição é perguntar sobre suas reais necessidades, tentando avaliar seus problemas e oferecendo-lhes um produto ou serviço que realmente os beneficiará. E para isso, você precisa colocar um bom tempo sobre eles.

Você precisa fazer perguntas de primeira que fazem seu cliente pensar. Isso pode soar muito fácil; mas, na realidade, é muito complicado porque perguntas desafiadoras são difíceis de fazer. Muitos vendedores reconhecem esses tipos de perguntas como pessoais e muitas vezes imaginam que seus clientes não ficarão entusiasmados em respondê-las.

O que é significativo lembrar é que a maioria das pessoas faz perguntas difíceis e, como conseqüência, tem pouca ou nenhuma incerteza em responder a elas. Na verdade, vai elevar sua posição aos olhos deles.

Você pode fazer perguntas como:

1.   Quais são seus objetivos de curto prazo?

2.   Como pretende atingir esses objetivos?

3.   Que confrontos você está experimentando para alcançar esses objetivos?

Seu objetivo básico fora desta conversa seria descobrir qual problema a perspectiva está enfrentando e como você e seu produto ou serviço podem resolvê-lo.

Não vamos fugir da verdade. Os compradores de hoje são muito mais complicados do que eram antes, e com toda a probabilidade, eles ouviram todas as linhas semelhantes ao que você quer dizer. E detestam pessoas que usam linhas clichês e tradicionais ou abordagens manipuladoras.

A maioria das pessoas articula certas objeções sobre tomar uma decisão de compra. Assim, as vendas são fechadas porque seu comprador vê o valor em seu produto ou serviço ou porque você provou ser um especialista que pode ajudá-los a resolver um problema.

Só de perguntar "E se eu pudesse" não é um avanço bem sucedido. É clichê e dificilmente funciona hoje em dia.

(i) O que fazer quando você simplesmente não pode escrever uma carta de vendas?

Você precisa esculpir uma carta de vendas, mas não consegue encontrar as palavras. Você pensa, pensa e pensa, mas sem sucesso. Então, o que você faz agora?

É uma situação muito irritante e pode acontecer com todos nós a qualquer hora. Mas há uma ótima maneira de fazer seus sucos criativos fluírem.

Faça perguntas

Você está realmente ciente do seu produto?

Suponha que você está vendendo uma esteira. Você realmente precisa saber como é usá-lo. Quando você pode usá-lo? Quais são as limitações e efeitos colaterais?

Conhecer e se importar com seu produto lhe dá a paixão de contar ao mundo inteiro sobre ele. Para elogiá-lo. Para amá-lo. Para ostentar.

Então agora o primeiro bloco está superado. Agora que você conhece o produto e se apaixonou por ele, você pode falar sobre ele para descrevê-lo.

Em seguida, registre as razões por que e como ele vai ajudá-lo, se em tudo. Isso vai facilitar a minha vida? Vai agregar valor? Resolverá um problema? Além disso, é muito caro? É muito feio, e assim por diante.

Liste tudo: o bom, o ruim, e até o feio.

Você precisa descobrir a razão pela qual as pessoas vão comprar de você em tudo.

O que há de tão único no seu produto ou serviço? A melhor maneira de fazer isso é pensar.

Em breve, você terá tantas opiniões batendo em você que você não será capaz de manter o ritmo. Continue o processo até esgotar todas as ideias.

Uma vez feito, tudo o que você precisa fazer é dar uma olhada no que você escreveu para baixo e fazer uma lista de todas as idéias espetaculares que você tem. Listá-los por ordem de prioridade.

Agora você tem o rascunho para sua carta.

Utilize a base mais significativa da lista, o principal motivo pelo qual alguém deve comprar seu produto, e transforme isso em uma manchete maravilhosa.

Permita que as ideias da lista entrem em sua carta de vendas usando sub-manchetes ou destaques quando você precisar enfatizar um ponto. Em breve, sua carta terá quase escrito a si mesma.

Em conclusão, quando você escrever sua carta, tenha em mente escrevê-la para apenas um indivíduo de cada vez. Torná-lo especial!

(J) A Disparidade Entre Uma Carta De Vendas E Um Anúncio

Muitas vezes as pessoas confundem as condições de anúncioe a carta de vendas. Ambos são destinados a obter novos alvos ou vender um produto ou serviço. Mas há diferenças significativas na forma como eles agem.

Uma carta de vendas é uma forma mais individual de publicidade do que qualquer anúncio. Milhares ou talvez milhões de leitores testemunharão um anúncio em uma revista ou jornal. Uma carta de vendas é apenas para os olhos do leitor pretendido. Embora as cartas de vendas sejam muitas vezes impressas em massa, o leitor ainda considera o correio mais pessoal do que um anúncio em um jornal ou revista.

Ao contrário de um anúncio, uma carta de vendas é mais pessoal, informal e quente. Isso transmite um tom mais informal e natural. Dessa forma, o leitor tem uma melhor sensação do caráter, interesse e seriedade do escritor.

(K) A Atenção É Crítica

Para qualquer comerciante, a atenção é um produto valorizado. Com os consumidores bombardeados com milhares de cartas publicitárias todos os dias, o desafio é como fazer sua mensagem ficar fora da multidão se torna ainda mais séria.

Qualquer carta de vendas vencedora deve alcançar duas coisas:

1. Deve fazer com que a perspectiva seja lida por toda a carta.

2. Deve solicitar a perspectiva de realizar a ação desejada.

Se o comerciante não conseguiu alcançar o Passo 1, o Passo 2 é impossível.

Muitos profissionais de marketing tentam tornar o envelope muito atraente. Eles sabem que a batalha deles é metade ganha se eles podem fazer a perspectiva abrir a carta.

Para os profissionais de marketing online, não há perspectiva de um envelope. Certos webmasters criam imagens flash para atrair leitores.

Dicas para chamar a atenção:

1. Alguns testes mostraram que uma manchete RED é notada sobre qualquer outra escolha de cor da fonte. A cor vermelha é frequentemente relacionada com o perigo, mas também significa:

"Isso é significativo. Leia-me!

2. Livre-se de qualquer coisa da página que não segure a mensagem de vendas ou distraia-a. Isso inclui a maioria dos gráficos animados e cores intensas para o cenário da página que se sustenta com o texto em primeiro plano. Nada atinge apenas uma fonte preta simples ao lado de um fundo branco. Se você puder conter o número de cores usadas para três ou talvez menos, isso também ajudará a tornar o leitor de documentos amigável.

3. Não faça o texto muito largo, pois torna-se monótono ler de uma única linha para a próxima, porque é necessário muito movimento da cabeça e dos olhos.

4. A manchete deve ser cativante e interessante e deve saltar para cima de você.

5. O formato e o design da carta de vendas devem ser atraentes para ler. Destaque adequado, ousadia, balas e subcabeças todos tornam a letra simples de ler.

6. Torne a carta muito convidativa e atraente.

7. A carta deve solicitar ao usuário que continue lendo. Você precisa continuar cutucando a perspectiva de ler mais.

8. Seja EXCLUSIVO. Se todas as cartas de vendas do seu setor parecem e lêem idênticas, então por que uma perspectiva deveria ler a sua? Você pode usar mascotes, humor, desenhos animados, e assim por diante.

9. Concentre sua mensagem no leitor, não na sua organização ou produto. Este é um colapso chefe de grandes empresas que pensam que todos devem estar familiarizados com o quão grande suas corporações são. Mas sua perspectiva é essencialmente inspirada por desejos egoístas. Ele precisa saber o que ele tem nele.

(L) Uma Lição Rápida Em Escrever Cartas De Vendas De Forma Lúcida

Que tipo de carta de vendas é lida? Que tipo de carta de vendas melhora a venda? Que tipo de carta de vendas mantém intacto o interesse do leitor até a última palavra?

Eu diria que tem a ver com o "tom de conversação" da carta de vendas. Você sente que está em casa com um bom amigo que está lhe dando alguns conselhos sobre uma bebida refrescante e lanches. Você está relaxado e confortável.

Então, como você gera um tom de conversa?

1) Use frases sucintas. Quando você fala com um amigo, você fala em frases. Você não usa frases longas, sinuosas e difíceis cheias de jargões.

2) Use imagens de palavras descritivas. Use palavras que criarão uma imagem em sua mente. Descreva-o minuciosamente. Crie uma imagem.

3) Escreva o que vier do seu coração. Você edita quando fala com

seu amigo? Raramente. Da mesma forma, continue escrevendo o que vier do seu coração.

4) Converse com sua perspectiva em sua própria língua. Mencionar algo com que ela possa se identificar, que não esteja em linguagem profissional.

Apenas tente e veja a mudança.

Algumas dicas para formatar sua carta de vendas para melhorar

1. O título deve ser cativante e no ápice da página para que o leitor possa visualizá-la sem rolar.

2. A melhor cor para usar para a manchete é RED.

3. Insira seu nome perto do topo da página e antes do corpo do texto "vendas" e também na parte inferior do texto "vendas".

4. Escaneie sua assinatura real e insira-a.

5. Use sub-manchetes.

6. As sub-manchetes devem ser a cor idêntica à sua manchete principal, RED.

7. Atraia interesse para seus depoimentos, inscrevê-los em caixas separadas. Você também pode usar uma cor separada para a caixa.

8. Um bom depoimento deve dizer especificamente o que o cliente satisfeito gostou sobre seu produto, serviço, etc. Destaque a coisa específica que a pessoa gostou.

9. Tente evitar colocar o preço em vermelho, pois vermelho significaria parar. Pode ser bom para a manchete, mas não é pelo preço.

10. Os bônus devem estar relacionados com sua oferta.

11. Destaque partes importantes da sua carta de vendas.

12. Use um método de pagamento que tenha alguma credibilidade e aceitação, e melhor ainda, inclua vários métodos de pagamento diferentes.

13. Assim como funcionam no papel, notas pegajosas em seu site encapsulam a atenção de seus visitantes por alguns segundos. Faça com que esses segundos funcionem para você.

14. Use o espaço branco para dar uma pausa na desordem. Dê o descanso dos olhos.

15. A fonte e a cor escolhidas devem ser legíveis e atraentes.

16. Uma carta de vendas deve sempre usar uma chamada para a ação. Especifique como você quer que sua perspectiva aja. Não presuma que ele saiba.

(M) O Que É Melhor – Uma Carta De Vendas Longa Ou Curta

Uma longa carta de vendas gera vendas ou uma curta? Na verdade, longo ou curto é relativo. O objetivo básico é ser interessante. Se a carta de vendas for interessante, então ela pode vender seu produto ou serviço, independentemente do fato de que esteja em uma página ou 24 páginas.

Notou-se que uma longa e interessante carta de vendas constantemente traduz mais perspectivas em comprar clientes.

Por que é assim? Uma longa e interessante carta de vendas faz o leitor se sentir em casa com um amigo. Evoca um sentimento de companheirismo, que se aprofunda à medida que a carta prossegue. Ele fala com você como se te conhecesse e se importasse com você. Cria um vínculo.

Sua carta tem que se identificar com suas perspectivas e tentar saber suas reais necessidades.

A carta deve fazê-los sentir que você simpatiza com o leitor e percebe seu problema. Deve fazê-los sentir que sim, você se importa.

Isso cria um senso de confiança. A perspectiva sente que você certamente entende seus problemas e aguarda ansiosamente sua solução.

Sua carta deve ser personalizada para cada prospect. Evite a "mentalidade da multidão".

A fé é a emoção mais significativa que você precisa para vencer. Uma vez que suas perspectivas comecem a confiar em você, eles não só comprarão seu produto ou serviço, mas recomendarão alegremente a outros. Videira de uva ou boca a boca é mais uma valiosa ferramenta de marketing.

Então use uma cópia longa e interessante para sua carta de vendas.

(N) Você Sempre Tem Que Usar O Português Correto

Muitos redatores acreditam que sempre têm que usar ortografias corretas e português astuto quando escrevem uma carta de vendas. No entanto, nem sempre é o caso. A redação tem muito pouco a ver com "escrita real".

Apenas uma mera parte da carta inteira envolve "escrita real". É basicamente como você formatá-lo e como você apresenta informações ao seu potencial cliente.

Por exemplo: E se eu lhe enviasse uma carta que foi digitada com um processador de texto velho e quebrado, com todos os tipos de erros gramaticais. E a carta dizia que, por trás de todos esses erros de digitação, eu escolhi você através de uma loteria para lhe dar um bilhão de dólares como um ganho de lucro. Você se importa com os erros e erros de ortografia? Não. Você está agora na Nuvem Nove com alegria.

Por outro lado, suponha que eu digite uma letra perfeita no papel de melhor qualidade. Sem erros de ortografia ou gramatical. Eu também borrifo um pouco de perfume. Mas no final, estou tentando o meu melhor para vender-lhe um velho prédio em ruínas na periferia. Agora você se importa? Não, não, não, não, não.

Não é como você articula isso que realmente importa, é o que você afirma.

A questão é: Pode haver exceções para isso, mas a verdade é

que se você se concentrar em distribuir suas propostas para pessoas que já mostraram que estão interessadas em produtos ou serviços semelhantes aos seus com uma oferta verdadeiramente irresistível, suas chances de ensacar o negócio são muito maiores do que se você apenas se aproximar de pessoas semi ou não interessadas com uma carta de vendas perfeitamente escrita.

(O) Carta De Vendas Monstro

Na maioria das vezes, os profissionais de marketing produzem seus próprios monstros (assim como o Dr. Frankenstein) em suas cartas de vendas.

As cartas de vendas funcionam melhor quando você tem algo para vender. Basicamente se resume a respostas como esta: O que exatamente você pode fazer por mim? Por que acha que eu deveria gastar meu valioso tempo lendo suas cartas? Rápido... me convencer de que eu preciso do produto ou serviço que você está me oferecendo.

Ao criar uma carta de vendas melhor, comece e em vez de usar a cabeça errada como o nosso Dr. Frankenstein, use a cabeça certa.

A cabeça direita pode criar ou quebrar sua carta de vendas. Concentre-o firmemente no seu mercado-alvo. Resolva um grande problema que seu alvo enfrenta (presumindo que você tem a resposta para ele). Se você pode fazer isso brincando inteligentemente com as palavras, então certamente ir para ele; mas se o jogo de palavras não é sua xícara de chá, mantenha-o simples e descomplicado. Não há uma medição perfeita em comprimento para uma manchete, mas não use indevidamente palavras. Mantenha-o em uma frase. O propósito é fazê-los pensar em você.

Uma vez que você os fisgou com sua manchete, não deixe que eles fuam. Como já vimos, P.S. é uma das partes mais importantes de sua carta. Então não desperdice seu p.s. em palavras inúteis.

Diga algo que vai animar seu leitor a voltar ao início da carta e continuar lendo.

O primeiro parágrafo também é muito importante, por isso seja direto ao ponto. Mostre a eles o cerne de sua oferta. Deixe-os saber que fortuna eles farão ou quão confortável sua vida se tornará ou quão conveniente a oferta é e assim por diante.

Se você pode envolver e interessar o leitor pelo seu primeiro parágrafo, deixe o resto da carta responder às perguntas básicas e falar com eles sobre as preocupações gerais que seu leitor pode ter. Já que trabalhou tanto, será uma vergonha perdê-los em questões técnicas.

Preencha o corpo de sua carta com benefícios, não apenas características. Seus benefícios e recursos devem ser capazes de resolver todos os testes "E daí?" e "por quê?".

Fale com seu alvo na linguagem deles. Escreva informalmente. Faça perguntas e responda. Crie uma carta o mais lúcida que puder. Use o humor o quanto quiser, mas tenha cuidado para que ele não desapareça. Os leitores não devem entender mal suas intenções de forma alguma.

Cada um é pressionado pelo tempo. Mas o que você pode fazer? Você tem que chegar até eles no meio disso. Use negrito e destaques para marcar certas informações. Isso vai chamar a atenção dos leitores e incentivá-los a continuar lendo.

Agora você continuou sobre como seu produto e serviços são bons. Mas por que eles acreditariam em você? Então, o que você faz agora? Simples. Inclua alguns depoimentos de clientes satisfeitos. Deixe-os dizer às suas perspectivas o quão bons são seus produtos ou serviços. Depoimentos são ferramentas de venda influentes que estabelecem suas alegações de verdade.

Uma vez que você tenha abordado todas as possíveis dúvidas e perguntas no corpo, é hora de colocar o seu melhor pé para a frente novamente. Retome sua oferta. E, se puder, ofereça uma garantia de realização. Quando você oferece uma garantia, você diminui o cinismo em torno da compra do seu produto ou serviço. Os consumidores são razoavelmente cuidadosos e mais ainda ao fazer compras via Web. E as garantias lhe dão uma confiabilidade quase imediata com possíveis clientes. As garantias aumentam o valor percebido.

Depois de completar a carta, esqueça-a por algum tempo. Isso permitirá que você seja mais prático ao editar sua carta.

Antes de enviar seu mailer, sempre teste o mercado. Ajustá-lo de acordo com sua reação. Em seguida, vá para acompanhar suas respostas para ajustar extra a carta e seu mercado-alvo.

Uma carta de vendas nunca alcançará todas as suas expectativas. Continue com seus outros esforços de marketing, e não se esqueça de acompanhar rapidamente todos os leads criados pela sua carta de vendas.

Coloque-o junto com cuidado e destreza. Uma boa carta de vendas força seu público a fazer uma resposta favorável para você.

Sua impressora de negócios pode ajudá-lo a construir taticamente uma campanha de impressão variável que tire o benefício da personalização. Aqui você deve perceber o valor da boa impressão. Ou seja, usando uma impressora e papel de boa qualidade. Embora o custo real de cada correspondência seja superior, o melhor retorno de cada correspondência em todos os momentos cria um retorno maior sobre o investimento. A conclusão é que boas impressoras de negócios podem ajudá-lo a chegar às suas metas de expansão de vendas com bastante facilidade.

Crie um orçamento adequado. Veja se você pode controlar os custos de alguma outra forma. Mas não tente usar papel e tinta de baixa qualidade. Isso degrada a impressão do leitor. O que basicamente importa é o conteúdo da carta de vendas e não o brilho lá fora. Da mesma forma, também é verdade que um bom papel brilhante e tinta brilhante definitivamente aumentarão a chance do seu cliente em potencial de ler a carta.

(P) É Verdade Que Boas Cartas De Vendas São Como Boas Pessoas De Vendas?

Descubram por vocês mesmos. Para começar, você deve compará-los com anúncios de jornal colocados para vendedores. As qualidades que os empregadores procuram em um vendedor, você deve procurar o mesmo em uma carta de vendas.

1. Ele é um auto-iniciante?

Os melhores vendedores precisam da menor quantidade de direção. Eles são auto-inspirados. Da mesma forma, sua carta de vendas precisa funcionar por conta própria. Se você quiser que sua perspectiva de compra com base na carta, sua carta de vendadeve dar cada benefício, recurso, promessa de venda, prova e garantia que é necessário para fechar a venda.

2. Ele tem experiência prévia?

Os melhores vendedores descobrem por seus erros. Assim como suas cartas de vendas. A carta que você está prestes a enviar precisa ser testada para garantir sua lista, sua oferta, sua imaginação e seu tempo é o melhor que eles podem ser.

3. Ele trabalha bem sob pressão?

Sua perspectiva está engajada e desfocada. Sua carta, com toda a probabilidade, chegará como uma interrupção. Portanto, certifique-se de que sua carta trabalhe duro para entender a concentração do seu provável comprador e faça seu discurso de vendas.

4. Ele tem excelentes habilidades de comunicação?

Certifique-se de que suas cartas de vendas são simples e fáceis de usar. Deve falar na língua geral do povo.

5. Ele é enérgico?

Suas cartas de vendas precisam ter uma vivacidade clara para eles.

6. Ele tem habilidades de organização comprovadas?

Uma carta de vendas deve ser organizada e disciplinada.

7. Ele é um jogador de equipe?

Ocasionalmente, sua carta de vendas não será capaz de trabalhar por conta própria. Se sua carta tem a intenção de criar um lead e não fazer uma transação, por exemplo, provavelmente tem outros jogadores de grupo como anúncios de impressão, telemarketing, acumulações e assim por diante) com os seus motivos que devem trabalhar para chegar ao alvo necessário.

Você precisa ter certeza de que o tom da carta de vendas está em par com as outras ferramentas de marketing.

8. Ele tem excelentes habilidades de atendimento ao cliente?

É verdade que as cartas de vendas são uma conversa unidirecional, mas você pode compô-las para parecer mais uma conversa de duas vias, não é? Quanto mais suas cartas evocarem um tom quente, humano e real, melhor.

9. Somente candidatos sérios devem se candidatar

Prepare e envie uma carta de vendas somente quando você estiver falando sério sobre oferecer uma promessa e mantê-la.

10. Como um bom vendedor, uma boa carta de vendas deve sempre fazer perguntas fechadas, uma vez que estas permitem obter respostas específicas e avançar para concluir a venda. As perguntas fechadas começam com verbos, como "São", "Iremos", "É", "Temos", "Feito", "Não são", "Não é" e "Não quero". É respondido com um "Sim" ou um "Não". Você geralmente emprega essa técnica quando quer começar a afunilar a conversa e obter respostas precisas que o levarão a fechar o negócio.

Você também pode fazer perguntas mais específicas como: "Você percebe que tem __ problema?" ou "Você vai tomar essa decisão em duas semanas?" "Você gosta do meu produto ou serviço?" "Você gostaria de começar sobre ele imediatamente?" "Você está feliz com o seu fornecedor existente?" Tais questões forçam a perspectiva de tomar uma decisão.

Você deve sempre fazer perguntas fechadas em um tom de voz carinhoso, amigável e curioso. Seja sempre bem educado e gentil. Você nunca deve usar força ou exploração. Nunca funciona. Pelo contrário, funciona contra sua causa. Você perde credibilidade.

(Q) As Dez Regras Básicas De Escrever Uma Boa Carta De Vendas

Para muitas pequenas empresas, uma carta de vendas é a única ferramenta de marketing. Eles podem não ter um orçamento para qualquer outra coisa. Mas uma carta de vendas cuidadosamente mapeada pode criar magia para sua linha de cima e linha de fundo. Basta seguir algumas orientações como mencionado abaixo e ver seus lucros subirem.

1. **Você deve sempre direcionar os desejos, necessidades e desejos de seus potenciais**clientes. Caminhe uma milha no lugar do prospectantes de escrever qualquer carta de vendas. Lembre-se que o que eles estão procurando na carta é "O que exatamente está nele para mim?" Então diga a eles o que há para eles.

2. **Evite a mentalidade da multidão. Escreva para pessoas específicas.** Você deveria escrever para uma pessoa real e viva. Escreva a carta como se estivesse escrevendo para um amigo, não para mil pessoas.

3. **As pessoas compram benefícios e não recursos.** Você deve começar por distinguir os benefícios das características. A carta de vendas deve ser capaz de influenciar seu leitor a comprar suas coisas com base no benefício que o produto/serviço deriva e não com base em suas características. É o benefício que os compradores compram e não apenas o recurso isoladamente.

4. **Engane seus leitores com a primeira linha em** si. Você tem que competir com vários e-mails não solicitados a qualquer momento. Então sua carta deve ser nítida e cativante. A manchete deve fazer o leitor ler a primeira linha, a primeira linha deve fazê-lo ler a segunda, e assim por diante.

5. **Forneça ao leitor informações específicas e relevantes.** Não fale sobre um produto ou serviço. Não ande em círculos. Liste benefícios específicos e diga-lhes como sua vida seria mais fácil com os benefícios que estão sendo oferecidos.

1. **Sua carta de vendas deve ser vendida.** O objetivo básico da sua carta de vendas é vender, não é? Deve vender. E para que ele venda, deve ser escrito em tom de conversa. Fale com sua perspectiva de forma lúcida e amigável. Jogue a linguagem ornamental e pense nas regras básicas da gramática como opcionais.

2. **Teste sua carta de vendas.** Tente se perguntar, se alguém estivesse escrevendo a mesma carta para você, você se convenceria o suficiente para gastar seus dólares suados nela?

3. **Faça a carta de vendas tão longa quanto tem que ser.** Não há nada chamado muito longo ou muito curto. O básico que importa é o fator de interesse. A carta de vendas deve ser interessante e atraente.

4. **Foco na estética.** Use fontes e modelos fáceis de usar que

o tornem visualmente atraente. Você pode usar balas e marcadores para quebrar a desordem. Tente não terminar nenhuma página, exceto a última página em uma frase completa. A maioria dos jornais aplica essa tática. Se você não terminar a página em uma frase completa, o leitor navegará automaticamente para a próxima página para conclusão.

5. **Diga ao leitor precisamente o que fazer**. O que você quer que o leitor faça a seguir? Ele tem que enviar um cartão de resposta? Ou ele tem que fazer um pedido? Ou pedir mais informações? Agendar uma consulta? Notifique-o de acordo. Não presumo que ele saberia. É incrível quantas cartas de vendas não informam o leitor sobre a etapa subsequente. Eles consideram que o leitor é um leitor de mentes. Mas, infelizmente, este não é o caso.

(R) Cinco Segredos Úteis De Uma Carta De Vendas Eficaz

A diferença entre uma carta de vendas média e uma carta de vendas eficaz é o resultado que ela deriva. Como já explicado até agora, não é muito difícil escrever uma carta de vendas de um milhão de dólares. Você só precisa seguir algumas dicas e orientações.

Aqui estão mais cinco segredos para escrever uma carta de vendas "assassina".

1. Passe algumas horas todos os dias passando por algumas das cartas de vendas mais eficazes de todos os tempos. Tente aprender as nuances. Tente ver como eles usam o título, como o parágrafo principal é construído. Olhe para o estilo, a estrutura, e assim por diante.

2. Você também deve acumular todas as melhores cartas de vendas que encontrar e gerar um caderno com elas. Depois, quando você se senta para escrever uma carta de vendas, você pode folhear seu caderno de cartas de vendas para obter ideias para o seu projeto. Não copie essas cartas. Isso seria considerado plágio. Basta escolher as idéias básicas e colocar tudo em suas próprias palavras.

3. Pesquise seus potenciais alvos até saber tudo sobre eles. Você deve realizar seus desejos, seus desejos, seus sonhos e suas aspirações. Você deve saber o que os motiva e o que não os motiva. Uma vez que você sabe disso, será muito mais fácil para você escrever uma carta de vendas que terá algum efeito positivo sobre eles. Suas cartas precisam ser personalizadas.

4. Depois de pesquisar sua perspectiva, aprenda a relaxar. Depois de concluir sua investigação sobre o cliente, esqueça tudo por um dia ou dois. Isso permitirá que você seja mais prático quando começar a escrever sua carta.

5. Só há uma maneira de descobrir se uma carta de vendas estará ganhando ou não. Tem que ser submetido a um teste. Você tem que enviá-lo para uma série de suas perspectivas potenciais para ver se ele faz progresso ou não. Se sim, ótimo. Se não, você precisa voltar à estaca zero e colocar seus cérebros para trabalhar.

(s) Fazer cartas de vendas emocionalmente carregadas impulsionar vendas

Está chateado por sua carta de vendas não estar recebendo resultados adequados? Você está no final de sua sagacidade sobre como aumentar as vendas através de sua carta de vendas?

Se a resposta para as perguntas acima está no assertivo, então eu sugeriria que a solução para seus resultados tristes está incluída em uma única palavra, mas poderosa - Emoção. Como você já deve ter percebido, os julgamentos de compra são encontrados com base na emoção a carta de vendas deve basear-se no sentimento do leitor para uma posição onde eles são motivados a agir. A carta deve tentar atacar esses "botões quentes" ou pontos de pressão emocional, o que irá persuadir o leitor a comprar. Os dois principais fatores motivadores são a promessa de ganho e o medo da perda.

Então, como você insere mais emoção em suas cartas de vendas e, assim, cobra a capacidade de venda de sua cópia? Aqui estão alguns exemplos.

1) Agitar Ache: Tente entrar na cabeça do leitor. Concentre-se no problema que o leitor tem. Aponte-lhes como por causa deste problema, eles estão parados, irritados, preocupados e incapazes de alcançar suas necessidades sinceras. Você precisa agitar seu problema aparente e fazê-lo parecer melhor do que realmente é.

2) Contos que chamam a atenção: As histórias são extremamente bem sucedidas em atrair a emoção. Assista a uma catástrofe, você vai se sentir miserável. Assista a um filme de ficção científica, e você certamente sentirá emoção.

Assista a um filme de terror, e você vai se sentir assustado. Então entrelaçahistórias em suas cartas que despertam a expectativa em alcançar um objetivo, evitando dificuldades ou alcançando uma aspiração. Você também pode incluir histórias sobre o que aconteceu com alguém que não experimentou seu produto na resolução de seu problema. Esse tipo de história criará o temor da perda, que é mais convincente do que querer ganhar na maioria das pessoas. Conte uma história sobre alguém com quem seus leitores podem, sem problemas.

3) Use a emoção e não a lógica: É verdade que um número de palavras chama sentimentos mais fortes do que outras. Você quer avaliar seu mercado-alvo e descobrir quais palavras-chave suas perspectivas realmente respondem. O importante a ter em mente é que quase todas as palavras têm um ingrediente emocional. Se sua proposta é orientada para o ganho, então palavras e frases como "dinheiro"; "enriqueie rápido"; "Milhões de dólares"; e "ganhar de casa" estimulará seus leitores. Escolha cinco ou seis palavras-chave que irão rebolar a emoção que você deseja em seu leitor e colocá-las delicadamente durante toda a cópia de vendas para mostrar uma resposta emocional.

Como eu já disse, há inúmeras maneiras de injetar emoção em sua carta de vendas. Há uma infinidade de emoções. Você certamente não pode colocar todas essas emoções em sua carta de vendas. A maioria das cartas de vendas aponta para uma ou duas emoções principais e, em seguida, apelar para mais alguns. Quanto mais sentimentos você puder se fundir em sua cópia, mais comandará sua carta.

Sua carta de vendas deve explicar metodicamente os benefícios do seu produto ou serviço. Simultaneamente, seu produto ou serviço deve resolver um dilema que seus prováveis clientes tropeçaram.

Na realidade, qualquer carta de vendas vencedora terá que realizar uma necessidade autêntica.

A carta de vendas apropriada deve adquirir confiança desde o início e contar uma história motivadora por todo o lado. Isto não é uma garantia de uma venda instantânea, mas o início de uma associação, construída sobre a confiabilidade.

Claro, você tem que aplicar a emoção moral e sensatamente. Se você planeja aplicá-lo, pense por um tempo e pergunte a si mesmo como reagiria se outra pessoa apontasse esse tipo de comunicação para você. Isso vai ajudá-lo a decidir sobre o seu curso de ação. O marketing de teste em cada fase é importante para escrever aquela carta de vendas "perfeita".

(T) Quais São As Palavras Que Você Nunca Deve Usar Em Uma Carta De Vendas?

Pode haver momentos, quando não importa quantas propostas de venda você envie, o efeito é nulo. Sabe exatamente por que as pessoas não parecem ansiosas para comprar seu produto? Você já se espantou por que seus oponentes fazem mais vendas mesmo tendo um produto horrível para oferecer?

Você pode sentir que as pessoas estão simplesmente desinteressadas em comprar seu produto ou serviço. Você também pode sentir que seu preço está no lado mais alto. Ou pior ainda, você pode sentir que tem um produto ou serviço inútil e decidir parar completamente ou talvez mudar sua linha de negócios.

Aqui você deve parar e pensar por um tempo. Talvez não seja o seu produto responsável? Às vezes é sua própria carta de vendas que acaba por ser o principal culpado. Talvez sem querer você tenha usado certas palavras que tiveram o efeito oposto na sua perspectiva.

Então, quais são precisamente essas palavras ruins ou más que você não deve de forma alguma pronunciar em sua carta de vendas?

1) **Comprar.** Nunca solicite que as pessoas tirem sua bolsa e paguem seus dólares suados. Lembre-se, a maioria das pessoas fica cautelosa no momento em que vê essa palavra. Qualquer que seja o negócio que você está fazendo, usar esta palavra pode destruir o seu negócio em pouco tempo. Em vez de usar a palavra "comprar", modifique-a para "receber" ou "investir".

2) **Aprenda.** Este termo certamente lembrará as pessoas dos velhos tempos, quando elas tinham que estudar e aprender na escola. Acredite em mim, ninguém está interessado em quebrar seus miolos como eles fizeram quando eram estudantes. Hoje em dia, as pessoas querem informações rápidas e não têm tempo para aprender. É melhor usar a palavra "descobrir" em vez de "aprender".

3) **Diga.** As pessoas não prestarão atenção em você se não te identificarem. Examine essas duas frases com cuidado: "Deixe-me dizer-lhe como você pode perder peso em uma semana" e "Deixe-me revelar-lhe como você pode perder peso em uma semana." Que declaração você acha que vai causar um impacto?

4) **Coisas.** Usar essa palavra tornará sua carta de vendas muito chata e chata de ler. Como substituto do uso da palavra "coisas", considere mudá-la para "gorjetas", "truques" ou "técnicas". Confie em mim, isso vai garantir um estado de espírito melhor e mais aberto.

5) **Coisas.** Esta é a palavra que a maioria dos profissionais de marketing usa para explicar o quão grande é o produto. Compare essas duas frases: "Chame-nos para receber coisas fabulosas" e "Ligue-nos para receber presentes fabulosos". Qual você acha que geraria mais resposta?

Cada carta de vendas tem um conjunto de vocabulário que está destinado a ativar a faísca de compra emocional dentro de você. Esta linguagem tem que ser avaliada com cautela.

Avalie cuidadosamente; na carta de vendas que lhe vende alguns empreendimentos ricos e rápidos, você encontrará o uso de certas palavras como **"turn-key"**. Isso implica que o negócio que eles estão pedindo para você se juntar está tudo pronto para funcionar, e que nenhum ou trabalho insignificante é necessário de sua parte para obter lucro. Mas, na maioria das vezes, essa palavra na carta de vendas é usada para explicar o software que você ainda precisa instalar, aprender e trabalhar para apreciar o serviço ou produto que você está sendo fornecido. Isso não está certo.

Esteja muito ciente da palavra "**poderia**" e "**imediatamente fique rico**". Você poderia ganhar até $100 a $1000 mensais. Avalie qual é o ganho normal para quem entra no seu programa de afiliados. Não tente enganar ou blefar. Embora essas palavras gerem resposta imediata, você deve usá-la apenas se você quiser. Lembre-se que não há absolutamente nenhum atalho para o sucesso. Então não tente.

O sucesso de qualquer carta de vendas depende principalmente das palavras que você usa e de como você as cria para servir ao seu propósito. Mais uma vez, você não precisa ser um estudioso inglês para doar uma carta de vendas eficaz; você só precisa escrever inglês simples em um tom amigável e conversacional.

(U) Maneiras De Criar Relacionamento

Aqui estão alguns métodos para criar relacionamento:

1. Nas cartas de vendas, podemos frequentemente incluir algumas declarações que são claras sim perguntas.

   Por exemplo:

   Você percebe como isso é significativo para você, não é?

   Você não merece o melhor?

   Não é a melhor hora para começar?

   Adicionar um ponto de interrogação como contraste com uma parada completa ainda está aberto para discussão, então use o que você acha que será melhor para suas circunstâncias. Seu objetivo é fazer sua perspectiva concordar com você e fazer o que você diz. Brinque com suas emoções.

2. Outro método é análogo à técnica acima mencionada. Você pode incluir depoimentos de clientes satisfeitos. Eles são muito úteis para aumentar o valor percebido. Mas use depoimentos genuínos. Não tente blefar.

Espelhamento é outro método onde você se torna como suas perspectivas em aparência, tom e jargão que eles são bem conhecidos. Por exemplo, você não vai falar com um médico, como você vai para um contador ou gerente de eventos.

A relação é muito parecida com a construção de credibilidade. A grande diferença entre projetar uma imagem de credibilidade e construir um vínculo é que sua perspectiva pode confiar em você e ainda assim ela não está aberta o suficiente para gastar seu dinheiro suado em seu produto ou serviço. O fato básico é que as pessoas têm fé naqueles que são mais parecidos com eles.

CAPÍTULO 4 – ACABAMENTO

(A) Lista De Verificação Final De Uma Carta De Vendas.

1. É melhor usar o nome e o título do prospecto.

2. Tente tornar a carta de vendas fácil de usar e especial.

3. Use anedotas e slogans e manchetes cativante

4. Tente escrever como você geralmente fala. Leia seu primeiro rascunho em voz alta para ver se ele tem um fluxo lúcido e livre de palavras.

5. Mantenha seus parágrafos concisos e use linguagem descomplicada. Fale em sua linguagem.

6. Depois de completar a carta, esqueça-a por algum tempo. Isso vai ajudá-lo a ser mais prático quando você editar sua carta.

7. Solicite críticas e comentários de amigos e parentes sobre suas cartas de vendas.

8. Mantendo um formato padrão, opte por algo atraente como papel colorido.

9. Use uma fonte fácil de usar.

10. Use sempre P.S. ou P.P.S. para atrair atenção.

11. Use depoimentos sempre que estiver disponível para aumentar sua credibilidade.

12. Dê uma oferta genuína e irresistível.

13. Envie algumas cartas de lembrete.

14. Dê uma opção de "agir agora" em termos de prazos, ofertas gratuitas, ações limitadas, e assim por diante.

15. Diga a eles o que fazer a seguir. Não presuma que suas perspectivas saibam com certeza.

16. Faça sua carta de vendas forte, emocionante e atraente.

17. Use slogans provocativos e cativantes, algo que atraia.

18. Sempre que possível, tente dar uma garantia de devolução de dinheiro ou satisfação.

19. Inclua um cartão de resposta, número de telefone e /ou URL.

20. Mantenha-o curto e doce, preciso e sucinto.

Quando você torna sua carta desigual, é mais provável que seja aberta, pois teria adicionado ao fator curiosidade. Você pode usar elásticos, bolas de algodão e outras coisas esponjosas para tornar o correio esburacado por dentro

Você pode melhorar o leitor quando se dirigir manualmente a cada envelope. Mas veja se seu orçamento permite isso. Se não, não estique demais.

Não diferencie seu envelope com um logotipo de negócios porque diminui a proporção de aberturas.

As empresas estão sempre procurando maneiras de melhorar seus resultados de marketing, e isso requer um método direcionado mais personalizado. Uma carta de vendas bem escrita e direcionada irá muito longe para aumentar seu valor de vendas. Se você pode fazer a perspectiva sentir que você realmente simpatiza com ele e genuinamente quer resolver seu problema, então quase toda a batalha é ganha. Você só precisa seguir algumas dicas e modelos para elaborar uma carta de vendas espetacular que resolva seu propósito.

(B) A Última Palavra

Agora, você está familiarizado com todos os aspectos de elaborar uma boa carta de vendas. Vamos apenas virar alguns parâmetros básicos de qualquer carta de vendas eficaz.

1. Uma carta de vendas, para ser eficaz, deve criar esperança. As pessoas de hoje são sempre pressionadas pelo tempo. Assim, eles estão o tempo todo procurando produtos e serviços que tornem sua vida conveniente e confortável. Então continue inspirando esperança.

2. Crie um senso de urgência. Para estimular as pessoas a agir, você precisa adicionar incentivos à oferta. Você pode criar uma sensação de escassez informando ao seu leitor que o estoque está em oferta limitada ou que sua oferta existente é válida por apenas um período de tempo limitado.

3. Apareça como uma autoridade sobre o assunto. Se você conseguir fazer isso, não importa o que você está vendendo, eles vão ser muito mais propensos a comprar o que você tem para vender. Considere sua carta de vendas em um método como para configurar a crença de que você está apenas tentando ajudar as pessoas e que você realmente não se beneficia da venda.

4. Finja ser imparcial enquanto escreve sua carta de vendas. As pessoas odeiam ser encurraladas em comprar por vendedores. Eles se sentem enganados mesmo que, na verdade, não sejam. Então, se sua carta de vendas consegue convencê-los de que sua intenção básica é apenas ajudá-los a descobrir o que eles precisam e como fazer o processo, seu trabalho está quase pronto. Você pode

esperar que eles desaqueçam suas carteiras para você.

5. Convença o medo em sua perspectiva. Esta é a emoção mais forte que você pode usar a seu favor. Tente entrar na cabeça do leitor. Concentre-se no problema que o leitor tem. Aponte-lhes como por causa deste problema, eles estão parados, irritados, preocupados e incapazes de alcançar suas necessidades sinceras. Você precisa agitar seu problema aparente e fazê-lo parecer melhor do que realmente é. Em seguida, diga-lhes como eles podem cair em apuros se eles não tomar qualquer ação contrária. E então, mostrar como seu produto ou serviço irá ajudá-los a superar o problema.

6. Tente ser diferente. Você tem que se distinguir da multidão. Ou então, por que alguém compraria de você? A melhor maneira, talvez, é dizer às suas perspectivas para não comprar o produto ou serviço que você está vendendo. Sim, parece muito tolo, mas não é. Diga aos seus leitores para irem comprar os produtos e serviços oferecidos por seus concorrentes. Somente quando eles não estão satisfeitos com o que têm a oferecer, eles devem experimentar seus produtos ou serviços.

A experiência bem-sucedida de escrever cartas de vendas é crucial para o proprietário ou empreendedor do negócio web. Os lucros são obtidos e perdidos com base na escrita de cartas de vendas. Não importa o quão maravilhoso seu produto, se você não pode comunicar isso aos seus prováveis compradores, e convencê-los a comprar seu produto, você não vai fazê-lo. Então aprenda a articular os benefícios de seus produtos ou serviços.

Você não precisa ser um escritor espetacular para criar uma carta de vendas que funcione. Tudo que você precisa saber é como vender para as pessoas. Você precisa ficar sob a pele do seu potencial comprador e treinar-se a pensar como ele.

Agora você conhece as regras do jogo. Coloque essas dicas e diretrizes para funcionar, e sua carta de vendas com certeza terá um fluxo relaxado e fácil que manterá suas perspectivas lendo e eventualmente criará lucros para você.